pour la Défense de la Liberté individuelle

MODIFICATIONS ESSENTIELLES

à apporter à la Loi de 1897

SUR

L'INSTRUCTION CRIMINELLE

SUIVI D'UN

PROJET DE LOI

PAR

Henri COULON

AVOCAT A LA COUR D'APPEL DE PARIS

> « Le juge d'instruction ne doit pas permettre
> « à des agents subalternes de préparer ou de
> « compléter son instruction. Ce n'est pas une
> « œuvre de police que priver un citoyen fran-
> « çais de sa liberté. »

PARIS

IMPRIMERIE ET LIBRAIRIE GÉNÉRALE DE JURISPRUDENCE

MARCHAL et BILLARD

IMPRIMEURS-ÉDITEURS, LIBRAIRES DE LA COUR DE CASSATION

27, Place Dauphine, 27

1902

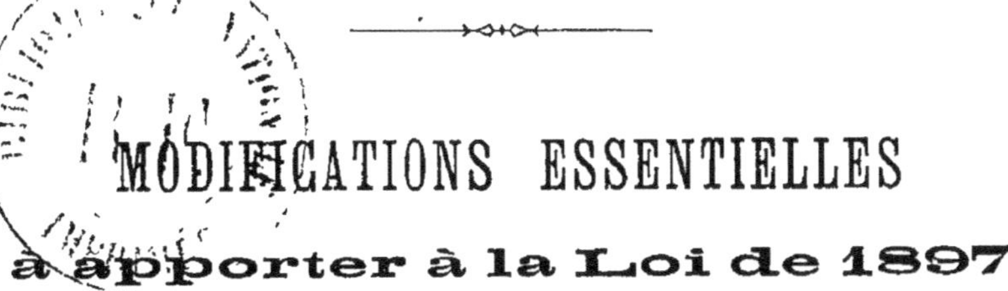

MODIFICATIONS ESSENTIELLES
à apporter à la Loi de 1897

SUR

L'INSTRUCTION CRIMINELLE

SUIVI D'UN

PROJET DE LOI

PAR

Henri COULON
AVOCAT A LA COUR D'APPEL DE PARIS

« Le juge d'instruction ne doit pas permettre
« à des agents subalternes de préparer ou de
« compléter son instruction. Ce n'est pas une
« œuvre de police que priver un citoyen fran-
« çais de sa liberté. »

PARIS

IMPRIMERIE ET LIBRAIRIE GÉNÉRALE DE JURISPRUDENCE
MARCHAL ET BILLARD

IMPRIMEURS-ÉDITEURS, LIBRAIRES DE LA COUR DE CASSATION
27, Place Dauphine, 27

—

1902

MODIFICATIONS ESSENTIELLES A APPORTER
A LA LOI DE 1897

Exposé des motifs

La loi de 1897 n'a pas parlé de la liberté individuelle, c'est le premier reproche à lui faire. Nous espérons voir remédier à cette lacune par le vote du projet de loi que nous avons soumis aux Chambres en 1901. La loi de 1897 a cependant réalisé une réforme importante, elle a supprimé l'instruction secrète, ce vestige de la barbarie, mais malgré son désir de bien faire, elle a, par son application, mis en lumière un certain nombre de lacunes qu'il faut se dépêcher d'effacer, si l'on ne veut pas perdre le bénéfice de la pensée si humaine qui l'a inspirée.

Quelle a été l'idée maîtresse à laquelle ont obéi ceux qui ont voté le projet de loi ? La circulaire de M. le Garde des Sceaux, du 10 décembre 1897, dit que la loi a été inspirée par « l'unique souci de fortifier le principe de la liberté individuelle, et d'entourer de garanties plus complètes l'exercice du droit de la défense, sans qu'il fût porté atteinte aux intérêts de la répression qui sont ceux de l'ordre social ».

Nous venons demander à ceux qui ont voté cette loi, de compléter leur œuvre ; s'ils ne le faisaient pas, ils risqueraient de la rendre inefficace.

Déjà avant le vote de la loi, la question était posée en termes formels à la tribune de la Chambre, par M. Viviani à l'occasion d'une interpellation provoquée par un scandale judiciaire (l'affaire Pélissier). — Et il s'exprimait en ces termes, qui n'ont malheureusement pas trouvé place dans la loi de 1897 :

« Je demande de quel droit un juge d'instruction permet à des agents subalternes ou de préparer ou de compléter son œuvre. Je demande dans quel Code le juge d'instruction a trouvé un texte qui vienne ici couvrir sa conduite. Et vous entendez bien la mesure extrême avec laquelle je pose cette question. Je n'exige pas du juge d'instruction qu'il soit à lui-même son propre greffier, son propre gendarme, son propre garçon de bureau. Je veux bien que, pour les arrestations, les perquisitions, les renseignements à prendre, il se fie à des agents subalternes. Mais je veux qu'en ce qui concerne l'instruction même, les questions à poser, les réponses à recueillir, ce soit le juge d'instruction, avec les garanties qu'il offre, les responsabilités qu'il a, qui fasse cette œuvre, je veux que ni officieusement ni indirectement il ne laisse se substituer à lui ces agents de la préfecture de police qui sont insaisissables, qui s'évadent, qui se dissimulent dans les couloirs de la préfecture toutes les fois que se pose la question de la responsabilité, qui, si souvent, échappent aux sanctions, qui, le plus souvent, sont sans moralité. »

Et plus loin il ajoutait, paroles véritablement prophétiques, car les mêmes événements existent aujourd'hui comme avant la loi de 1897 :

« Nous allons ouvrir toute grande la porte du cabinet du juge d'instruction. Nous allons, dans le cabinet du juge, instituer une large audience publique, où l'accusé ne sera plus seul, où il aura son avocat auprès de lui Mais qu'importe l'audience publique si, avant qu'elle soit ouverte, les agents de la sûreté peuvent pénétrer dans la cellule de l'inculpé et préparer par des questions, l'œuvre de l'instruction? Qu'importe que l'audience publique existe si, après qu'elle sera close, les agents de la sûreté peuvent pénétrer dans la cellule pour compléter l'œuvre de l'instruction et façonner à leur guise la conscience, l'esprit des malheureux prévenus qui leur seront livrés?

« Je vous demande, Monsieur le Garde des Sceaux, de rédiger une circulaire, bien nette, bien précise, pour rappeler à vos magistrats qu'à eux seuls il appartient de mener l'instruction, qu'ils doivent la conduire sous leur responsabilité et ne pas laisser se substituer à leur propre personnalité la personnalité d'agents subalternes que nous ne connaissons pas. »

Quelle est la véritable nouveauté de la loi de 1897, ce sont les principes posés dans ses articles 8 et 9 qui disposent que le prévenu détenu, a le droit, aussitôt après sa première comparution devant le juge d'instruction, de communiquer librement avec un conseil, et que, détenu ou non, il ne peut être interrogé ou confronté qu'en présence de son conseil, ou celui-ci dûment appelé. Assistance du défenseur dès le début de l'information, présence du défenseur à côté de l'inculpé dans le cabinet du juge, tels sont les éléments de l'événement juridique récent auxquels quelques-uns ont attribué le caractère d'une véritable révolution accomplie dans le système déjà bien ancien de notre instruction criminelle.

Que deviennent ces deux articles, si l'instruction arrive toute faite, sans aucune des garanties prévues, chez le juge d'instruction.

Hélas, c'est là ce que nous voyons chaque jour; les commissaires de police, les commissaires aux délégations judiciaires font l'instruction de la plupart des affaires, dans lesquelles ils devraient être chargé de prendre des renseignements et rien de plus. Ils interrogent les inculpés, les confrontent, ils entendent les témoins et ce n'est que postérieurement à ces opérations absolument illégales que la véritable instruction, celle qui est protégée par la loi de 1897 (art. 8 et 9) s'ouvre.

Et cependant l'inculpé n'a pas été assisté d'un défenseur, on ne lui a pas dit qu'il avait le droit de ne pas répondre aux questions qu'on lui posait, enfin il a été interrogé par des personnalités fort honorables, je le veux bien, mais ne présentant aucune des garanties des magistrats. Et il faut l'avouer, et pas un juge d'instruction ne pourra le nier, c'est sur cette instruction occulte, illégale que sera basée toute l'instruction, la vraie. L'inculpé sera mis en contradiction avec lui-même grâce à cette instruction, et le juge d'instruction ne manquera aucune occasion de lui répéter : « mais, voilà ce que vous avez dit au commissaire de police ».

Je dis qu'il faut que ces pratiques cessent, si l'on veut maintenir le principe prévu par la loi de 1897. Je dis qu'il ne faut plus d'instruction faite par les commissaires de police quels qu'ils soient ; je dis qu'il ne faut pas que ces officiers de police judiciaire puissent entendre de témoins, pas plus qu'il ne faut que le chef de la Sûreté provoque des aveux par des moyens plus ou moins avouables.

Et ce n'est pas tout. Nous voici dans le cabinet du juge d'instruction, vous croyez qu'il va faire seul son instruction. En aucune façon ; neuf fois sur dix, il renvoie le dossier au commissaire de police ou au commissaire aux délégations qui toujours dans les mêmes conditions illégales, continuera, puissance occulte, l'instruction dont il ne doit pas être chargé. Mais ce n'est pas encore fini, nous allons voir apparaître un nouveau personnage au moins aussi dange·reux. C'est l'expert. Vous croyez qu'un expert est un homme versé dans une science spéciale et qui doit fournir à la justice les renseignements spéciaux sur une question déterminée que le magistrat connaît peu ou point. Que non. En matière d'instruction, l'expert, quelle que soit sa spécialité, se permet et cela autorisé par la faiblesse du juge qui y voit une simplification de sa tâche, de faire à son tour une instruction illégale et sans garantie. Il interroge lui aussi, il confronte lui aussi, il entend lui aussi des témoins. Et lorsqu'il y a dans un dossier criminel ou correctionnel un rapport d'expert, on peut bien dire, sans être contredit, que ce rapport fait dans les conditions qu'on peut soupçonner, est en réalité l'instruction elle-même. Je sais bien que l'on me répondra que tout cela est sans valeur juridique, mais cela n'en est pas moins, et, est préjudiciable à la défense de l'inculpé.

Il faut donc que tout cela disparaisse et il faut que cela soit défendu par la loi elle-même, si l'on veut arriver à l'empêcher, c'est ce que nous proposons dans notre projet de loi.

Ce sont ces abus qui faisaient écrire à M. Adolphe Guillot, juge d'instruction, en 1882, ces lignes qu'il n'est pas inutile de relire :

« Aura-t-on rendu un grand service aux inculpés si les magistrats, ne trouvant plus de suffisants éléments d'appréciation dans les procédures où la loi aura multiplié les obstacles entre le juge et la vérité, sont amenés peu à peu à les chercher dans des enquêtes faites par des commissaires de police, plus libres de leurs mouvements.

« On n'a rien à gagner à désarmer la justice, *à mesure que sa puissance diminue, celle de la police augmente.* Il faut qu'une société vive ; quand elle ne peut plus se défendre par la loi, elle cherche des expédients pour y suppléer.

« On peut donc regretter que, pour prévenir les dangers que nous signalons, le projet, au lieu de ne chercher qu'à restreindre sans cesse l'autorité du juge, ne se soit pas occupé des interrogatoires faits par les officiers de police judiciaire et n'en ait pas limité la portée juridique. »

PROJET DE LOI

Article I. — Les commissaires de police devront prévenir les personnes qui leur sont amenées à la suite d'une arrestation et celles sur lesquelles ils font une enquête, qu'elles ont le droit de ne pas répondre et de réserver leurs explications pour le magistrat instructeur chargé de l'instruction.

Défense est faite aux commissaires de police de procéder dans ce cas à un interrogatoire, ni d'entendre des témoins, et, si leur enquête est commencée, ils doivent de suite suspendre leurs opérations. Les enquêtes officieuses des commissaires de police ne doivent en aucun cas être jointes au dossier de l'instruction. Elles doivent se terminer par un rapport qui constituera les renseignements de police du dossier.

Article II. — Il est interdit aux experts commis par les juges d'instruction, pour faire des constatations matérielles de leur art, d'entendre des témoins, d'interroger le prévenu et de le confronter avec le plaignant, le tout à peine de nullité de l'instruction.

Discussion des articles.

L'*Article premier* contient une disposition qui vient assurer l'exécution de la loi de 1897.

Les commissaires de police devront prévenir les personnes qui leur sont amenées à la suite d'une arrestation et celles sur lequelles ils font une enquête, qu'elles ont le droit de ne pas leur répondre et de réserver leurs explications pour le magistrat instructeur chargé de faire l'instruction.

L'article 3 de la loi de 1897 contient formellement cette règle que le juge d'instruction doit avertir l'inculpé qu'il est libre de ne pas lui répondre. On comprend aisément que cette règle ne peut recevoir son exécution, si antérieurement à la comparution devant le juge d'instruction, le commissaire de police a fait l'instruction et recueilli des déclarations qu'il ne devait pas entendre. Notre texte est donc absolument justifié. Ce n'est pas pour déposséder le magistrat de ses prérogatives au profit du commissaire de police que le législateur de 1897 a édicté ces dispositions nécessaires.

Le second paragraphe de notre article défend aux commissaires de police de procéder, dans ce cas, à un interrogatoire, ni d'entendre des témoins, et, si leur enquête est commencée, ils doivent de suite suspendre leurs opérations. On comprend ce que nous voulons et ce qui est absolument légitime ; nous voulons rendre l'instruction à ceux qui en sont chargés, à des magistrats qui, à tous les points de vue, nous présentent plus de garanties et plus de confiance que les officiers de police.

La fin de l'article 16 défend aux commissaires de police de joindre aux dossiers d'instruction leurs enquêtes officieuses. Le danger de ces enquêtes officieuses qui constituent aujourd'hui la première pièce des dossiers correctionnels ou criminels, consiste en ce que ces enquêtes revêtent la forme des enquêtes ordinaires ; elles peuvent impressionner les juges, auxquels elles inspirent une confiance qu'elles ne méritent pas. Nous voulons leur rendre la place qu'elles doivent occuper, elles ne peuvent être considérées que comme des renseignements fournis par la police et doivent apparaître sous la forme d'un rapport du commissaire de police, pièce officieuse contenant les renseignements qu'il a pu recueillir, mais n'ayant aucunement le caractère et la responsabilité d'une pièce judiciaire.

Pour nous résumer, nous pensons être dans l'esprit même de la loi de 1897 que nous voulons compléter, en disant que l'instruction ne doit être faite que par des magistrats et que ce n'est pas une œuvre de police que de priver un citoyen français de sa liberté. Nous ne saurions mieux faire que mettre ici sous les yeux de nos lecteurs quelques passages de divers articles de notre confrère et ami M⁰ Laya qui seront les meilleurs arguments à produire en faveur de la thèse que nous soutenons.

« Le but de la loi de 1897 est évident : En présence des réclamations de l'opinion publique et des clameurs de la presse contre les erreurs judiciaires et ce que l'on est convenu d'appeler les abus de l'instruction secrète, le législateur a entendu accorder à l'inculpé les garanties les plus sérieuses. Dans ce but et s'inspirant de la loi anglaise, il a rendu l'instruction contradictoire et autorisé le prévenu à se faire assister de son conseil, à tout moment de la procédure. La loi est une loi de défiance contre le magistrat instructeur et, pour montrer nettement ses intentions aussi bien que pour décourager à l'avance toute velléité de résistance, elle a frappé de nullité toute procédure suivie en violation des articles qui consacrent les droits nouveaux et les garanties nouvelles par elle donnés à l'inculpé.

Cela étant, et l'intention du législateur apparaissant aussi clairement, comment serait-il possible de soutenir que, sans violer la loi, les parquets peuvent recourir aux enquêtes officieuses ? A ces enquêtes, l'inculpé paraît seul, sans son conseil ; rien ne lui est communiqué, ni de la plainte, ni des dépositions des témoins ; il va dans l'inconnu comme par le passé et se trouve exposé à céder aux sollicitations, aux menaces peut-être de l'officier de police judiciaire désireux de lui extorquer un aveu. Or, c'est justement ce que la loi n'a pas voulu, c'est ce qu'elle a entendu expressément empêcher, en disposant, notamment que l'inculpé ne pourra être interrogé hors la présence de son conseil et que ce dernier devra, la veille de chaque interrogatoire, avoir la procédure à sa disposition.

On en arriverait, d'ailleurs, dans l'opinion contraire, à cette conséquence étrange que, après la loi du 8 décembre 1897, l'inculpé en faveur duquel elle a été votée aurait moins de garanties que par le passé. Si, en effet, et sous l'empire du Code d'instruction criminelle, l'inculpé était soumis au pouvoir quelque peu discrétionnaire du juge d'instruction, du moins, il savait que ce magistrat lui offrait toutes garanties de savoir, d'honorabilité, d'intégrité et que, placé par sa situation bien au-dessus des parties en causes, il pouvait aisément ne pas épouser leurs querelles, et se montrer impartial. Mais si, désormais, les commissaires de police recueillent les pouvoirs arrachés aux mains des juges d'instruction ; s'ils peuvent, sur l'invitation des parquets, procéder à des informations tellement complètes que le rôle du juge d'instruction deviendra presque nul, alors des dangers jusqu'ici inconnus vont menacer l'inculpe.

Ce n'est pas que nous n'ayons confiance dans les commissaires de police, mais chacun sait que leur besogne est, pour la plus grande partie, faite par leurs secrétaires, jeunes pour la plupart, inexpérimentés, ardents, désireux d'arriver et, ce qui est plus grave, en contact quotidien avec les parties dont ils peuvent être les obligés. Ce n'est pas cela qu'a voulu la loi libérale du 8 décembre 1897.

Et cependant, depuis sa promulgation, les enquêtes officieuses se continuent et, comme par le passé, les commissaires aux délégations et les commissaires de quartier convoquent les inculpés, les interrogent, les confrontent, rédigent des procès-verbaux et les leur font signer. Quel est donc le droit de l'individu convoqué par un officier de police judiciaire pour s'expliquer sur une plainte déposée contre lui, alors du moins qu'il ne s'agit pas de flagrant délit et que cet officier de police judiciaire agit, non pas en vertu d'une commission du juge d'instruction, mais sur les ordres du parquet ? S'il répond, s'il est confronté avec le plaignant ou des témoins, quelle sera la valeur légale de la procédure ainsi suivie ?

Sur le premier point, il ne peut y avoir de doute ; l'officier de police judiciaire, agissant dans les conditions indiquées, n'a pas plus de qualité pour convoquer l'inculpé que n'en a, la première personne venue. Il est sans droit pour obliger un citoyen à se présenter à son cabinet et toute mesure de coercition qu'il emploierait dans ce but constituerait un abus de pouvoir. Si donc un individu se voit convoquer par le commissaire de police de son quartier à fin d'enquête officieuse, il aura le droit de ne pas répondre à cette convocation et de la tenir pour nulle et non avenue.

Mais si l'individu en question comparaît, est-il tenu de répondre aux questions qui lui seront posées ? Non, assurément.

Nous supposons, en effet, que le commissaire de police agit sans commission du juge d'instruction. En pareil cas, il est, nous ne saurions assez le répéter, sans qualité pour procéder à un interrogatoire, la loi ne lui ayant pas donné ce pouvoir, mais s'il agit en vertu d'une délégation du juge, il ne saurait avoir plus de droit que ce dernier. Et comme l'article 3 de la loi fait l'obligation au juge d'instruction d'avertir l'inculpé qu'il a le droit de ne pas répondre, le commissaire de police est tenu de la même obligation et ne peut obliger la personne qu'il interroge à répondre à ses questions.

Mais il arrivera que, souvent, l'inculpé, pressé de questions, menacé peut-être d'arrestation, répondra, avouera même et signera son aveu. Puis le commissaire de police transmettra ses procès-verbaux aux parquets qui désignera un juge d'instruction. A notre avis, tous ces procès-verbaux sont nuls et l'avocat, chargé de la défense de l'inculpé, aura pour premier devoir d'en demander formellement l'élimination du dossier. N'oublions pas, en effet, ce que veut la loi. Elle entend, elle exige que d'un bout à l'autre de l'information, le prévenu ait à côté de lui, à moins qu'il n'y renonce, son défenseur. C'est pour cela qu'elle dispose que, dès le début, dès le premier interrogatoire, le prévenu soit averti qu'il peut ne rien répondre avant d'avoir un avocat. Il suit de là, à notre avis, que, dans l'esprit du législateur, la première pièce du dossier doit être celle qui constate, et la comparution du prévenu par le magistrat instructeur, et l'avertissement donné par ce dernier audit prévenu qu'il peut ne rien répondre. D'une part, ces mots de l'article 3 : « Lors de *cette première comparution* » semblent bien ne devoir point laisser de doute à cet égard et le législateur ne les aurait pas employés assurément si, du chef d'une enquête préalable, opposable à l'inculpé, la comparution dont il parle avait été la seconde ou la troisième, et non la première.

Or, si l'on accordait une valeur légale à l'enquête faite par les commissaires de police, on arriverait à cette conséquence que le dossier serait déjà constitué avant même que l'inculpé n'ait été interrogé, et que la première comparution ne mériterait pas ce nom. D'autre part, et si tous ces procès-verbaux pouvaient figurer au dossier, il se passerait dans le cabinet du juge d'instruction une scène qui ferait, à n'en pas douter, la joie de nos auteurs de revue de fin d'année, scène au cours de laquelle on verrait un magistrat, armé d'un dossier complet contenant déjà les réponses de l'inculpé et ses aveux, dire gravement à ce dernier : « Vous avez déjà tout dit, mais vous avez le droit de ne me rien dire ».

La loi n'a certainement pas entendu plaisanter, c'est pourquoi nous persistons à penser que l'enquête faite par le commissaire de police doit être rejetée de la procédure.

Enfin, et à côté de ces raisons de bons sens, il en est une autre tirée de la loi elle-même qui nous semble trancher la question. La loi veut (art. 10) que la procédure soit commu-

niquée au défenseur la veille de chacun des interrogatoires.
Il faudrait donc, pour satisfaire au vœu de l'article 10, que,
si l'enquête du commissaire de police demeure au dossier,
il en fut donnée communication au défenseur la veille de
la première comparution. Or, cette communication ne
peut se faire puisque, ce jour-là, le juge ne connaît pas
encore le nom du défenseur, lequel ne sera désigné que le
lendemain.

Il faut donc admettre, ou bien que le législateur n'a pas
pu croire qu'une pièce de procédure quelconque existât au
dossier avant la première comparution, ou bien que, de
propos délibéré, il a entendu que toute cette procédure pré-
liminaire échappât au droit de vérification du défenseur.
Or, pour se convaincre que cette dernière hypothèse n'est
pas la vraie, il suffit de se souvenir que le législateur a at-
taché à la disposition de l'article 10 une telle importance
qu'il l'a prescrite à peine de nullité. C'est donc que, dans
l'esprit de la loi, la première pièce du dossier doit être,
comme nous l'avons dit, celle rédigée le jour de la première comparution et que l'enquête du commissaire de police doit être tenue pour nulle et non avenue.

Cette solution est conforme au texte et à l'esprit de la loi
et à cette règle juridique, aujourd'hui devenue axiome,
qu'il n'est pas permis de faire indirectement ce que la loi
ne permet pas de faire directement. La loi a défendu formellement aux juges d'instruction de procéder à des interrogatoires et confrontations hors la présence de l'avocat de
l'inculpé : les parquets ne peuvent éluder ces dispositions
impératives en faisant procéder, par des commissaires
de police sans mandat, à ces interrogatoires et à ces confrontations. »

Comme, malgré les excellentes raisons données par notre
confrère Laya, ces errements redoutables et regrettables
continuent comme par le passé, nous avons formulé notre

article de loi qui, s'inspirant de l'esprit du législateur de 1897, résout la question dans le sens de cette dernière loi.

L'article deuxième a pour but de faire disparaître des habitudes contractées par les juges d'instruction et en tous points contraires aux principes les plus élémentaires du droit criminel. On donne aujourd'hui, dans les instructions criminelles, aux experts une place prépondérante qu'ils ne doivent pas occuper. Ici encore, le juge d'instruction disparaît le plus souvent derrière l'expert, qui, cependant, n'a, en aucune façon, le mandat de faire l'instruction. Toutes les circulaires ministérielles passées et futures ne remédieront pas à cette situation. il faut un texte, nous le formulons ainsi : il est interdit aux experts commis par les juges d'instruction pour faire des constatations matérielles de leur art, d'entendre des témoins, d'interroger le prévenu et de le confronter avec le plaignant. Il fallait une sanction, pour que la loi ne soit pas impuissante, cette sanction est la nullité des instructions où de semblables pratiques seront révélées.

Il est tout aussi nécessaire, mais ici nous ne pouvons nous adresser qu'au ministre de la Justice qui doit l'ordonner par une circulaire, et tâcher ainsi de modifier l'état d'âme des magistrats du Parquet, qu'on évite les justes précautions prises par la loi de 1897 en agissant comme on le fait encore aujourd'hui, trop souvent. Un crime ou un délit étant commis, alors qu'on a déjà des renseignements suffisants pour présumer le coupable, au lieu de l'appeler comme inculpé on ouvre une instruction contre X... une personne indéterminée, on entend le présumé inculpé comme témoin, on lui fait prêter serment, on l'interroge et après avoir recueilli ces déclarations faites en dehors de son défenseur et sans aucune des garanties prévues par la loi, on l'inculpe, c'est là, une violation flagrante, de la loi de 1897. Mais dira-t-on, on agit ainsi parce que l'individu présumé coupable, ne voyait pas son crime ou son

délit suffisamment démontré avant son témoignage ; c'est
là une mauvaise raison, et neuf fois sur dix, on n'agit de la
sorte que pour faciliter l'instruction, pensée qui ne devrait
jamais venir à l'esprit de ceux auxquels la loi a donné le
redoutable pouvoir de poursuivre leurs concitoyens au
nom de la société, et d'instruire contre eux.

Paris. — Imp. A. MALVERGE, 171, rue St-Denis.

OUVRAGES DU MÊME AUTEUR :

Jurisprudence de la Cour de cassation sur la loi électorale de 1874. . . . . 1 fr 50

Jurisprudence de la Cour de cassation sur la loi relative à l'ivresse publique. 1 fr. 50

Etude pratique et projet de loi sur l'application du jury en matière correctionnelle, par MM. Albert Faivre et Henri Coulon, avocats à la Cour d'appel de Paris. . . . . 1 fr. »

Manuel-formulaire du divorce et de la séparation du corps, contenant des lois du 27 juillet 1884 et 20 avril 1886, article par article : 1° la législation antérieure ; 2° le résumé des travaux et débats parlementaires : 3° l'exposé complet et raisonné de la doctrine et de la procédure ; 4° le sommaire des principales décisions rendues de 1809 à ce jour, par les tribunaux français et étrangers, avec les renvois aux recueils ; 5° un modèle de chaque acte de la procédure en divorce ; une table alphabétique et analytique tres détaillée, rend les recherches les plus faciles. 5° édit , entièrement refondue 1 vol. de plus de 500 pages avec un appendice contenant la jurisprudence jusqu'en 1891.   6 fr. 50

Jurisprudence du divorce, recueil par ordre chronologique, contenant : 1° le texte des arrêts de principe rendus en causes de divorce, depuis 1803 jusqu'en 1886, par les tribunaux français et étrangers ; 2° le texte de toutes les décisions des tribunaux étrangers, cités par les divers commentateurs de la loi rétablissant le divorce. 1 fort et beau vol. in-18. 2° tirage. 1886 . . . . 5 fr. »

Commentaire de la loi sur les marchés à terme. — 1 vol. 1 fr. 50

De la condition des enfants naturels reconnus dans la succession de leurs père et mère. — Ce qu'elle a été. — Ce qu'elle est. — Ce qu'elle devrait être — 1 volume, 1887. . . . 2 fr. 50

Code pratique des assurances maritimes, du délaissement, des avariés, du jet, de la contribution, par MM. Henri Coulon et Georges Houard. avocats à la Cour d'Appel, 2 volumes. . . 16 fr.

Des Agents diplomatiques. — De leurs fonctions, de leurs droits, de leurs devoirs. 1 vol. 1889. . . . . 2 fr. 50

Législation des faillites. — La liquidation judiciaire et la faillite, commentaire de la loi du 4 mars 1889. — Débats parlementaires. — Doctrine. — Procédure. — Jurisprudence. — Formules. 1 vol. 1889.   6 fr.

www.ingramcontent.com/pod-product-compliance
Lightning Source LLC
Chambersburg PA
CBHW051447060726
47596CB00006B/2655